Apóstolo Samuel Cameroun

Há um Espírito!

Apóstolo Samuel Cameroun

Há um Espírito!

Efésios 4: 4-6

CREDO EDICIONES

Cover image: www.ingimage.com

Publisher:
CREDO EDICIONES
ist ein Imprint der / is a trademark of
International Book Market Service Ltd., member of OmniScriptum Publishing Group
17 Meldrum Street, Beau Bassin 71504, Mauritius
Printed at: see last page
ISBN: 978-613-4-88808-0

Décimo sexto estudo da Bíblia/ 27

HÁ UM ESPÍRITO!

Efésios 4: 4-6

Para VOCÊ!

Este estudo bíblico, ***" Há um Espírito!*** **"** Parte de um subconjunto da coleção de uma série de sete mensagens doutrinárias fundamentais inseparáveis; tirado de *Efésios 4: 4-6,* e que se junta a *Provérbios 9: 1,* afirmando que "*A sabedoria edificou a sua casa; ela ergueu as suas sete colunas*". " As sete colunas, que constituem os sete pilares das escrituras doutrinárias da Igreja dos Cristãos, ninguém pode assim pertencer a Cristo sem aceitar estes sete pilares como suporte da verdade de Deus!

Lembramos que toda esta coleção atual é intitulada ***" Deixe Aquele que Lê Preste Atenção!***

Além disso, outra **" Boas notícias! ".** Esta coleção é composta por 20 outros estudos bíblicos, que a complementam. Todos esses estudos bíblicos foram planejados para o seu crescimento e edificação espiritual!

A paz de Deus dentro, A alegria de Cristo fora...

PROLOGUE ON...

Coleção da série cristã:

'' AQUELE QUE CAMA PARA FAZER AVISO! ''

(Mateus 24:15)

Durante nossa caminhada espiritual, abordaremos os fundamentos da sã doutrina cristã, que é a coluna e o suporte da verdade. De acordo com o apóstolo Paulo encorajando seu fiel companheiro em *1 Timóteo 3: 14-15,* ele lhe escreveu: " *Estas coisas te escrevo, na esperança de voltar em breve, mas para que saibas, se eu demorar, como devemos nos comportar na casa de Deus, que é a Igreja do Deus vivo, coluna e sustentáculo da verdade ".* Na sequência do apóstolo Paulo, os estudos desta série, ao longo, vão acoplar os temas da doutrina bíblica aos da profecia, porque Jesus Cristo exortando fraternalmente a Igreja que é `` Membro do seu Corpo está sempre presente ao lado da sua família. Para isso, os ensinamentos da presente coleção serão baseados principalmente nos livros conjuntos do *Apocalipse* (*Apocalipse*), justapostos ao de *Daniel,* para confirmar esta boa nova da mensagem do evangelho. Já que, no final dos séculos, a doutrina evangélica, os dez mandamentos de Moisés e a profecia foram preciosamente recomendados aos cristãos autênticos, para servir de bússola nas trevas das trevas do mal. Isso se deve ao espírito de perplexidade que levou à apostasia doutrinária, agora muito popular, entre todas aquelas comunidades de cristãos que afirmam que a Bíblia chama de " *Babilônia, a Grande Mãe dos Proibidos!*" » *Apocalipse 17: 5.*

Além disso, devemos buscar a Deus com todas as nossas forças, nós que somos a geração no final da história deste mundo destinada à sua ruína iminente e eterna! Foi somente Jesus quem determinou as condições de sua salvação para todo aquele que sinceramente deseja escapar saindo deste mundo ímpio. Pois ele declara solenemente: " *ninguém pode ir a ele se o Pai não o trouxer...* " No entanto, uma vez vindo ao Senhor, saibamos também que Jesus acrescenta: " *ninguém pode vir a Deus sem passar por ele (Jesus).)* ". Finalmente, qual é o objetivo de nossa caminhada cristã? E o que é a Igreja de Cristo? Pode ser uma organização denominacional? - As assembléias cristãs dependem de alguma agência governamental para provar que são a Igreja de Cristo?

Enquanto os verdadeiros cristãos estão se preparando para enfrentar a pior perseguição da história sagrada, pelo " ***666*** " que em breve condicionará todo homem, - Devem nossas finanças, como os dízimos, ser comprometidas para ganhar o céu? - Cristo ainda está presente nessas denominações chamadas Igrejas? - Quem deve ser o cabeça da Igreja de Cristo? - Como as comunidades cristãs estão sendo construídas atualmente sob o único pastor, Jesus Cristo? - A Igreja de Cristo tem líderes visíveis? - Esta Igreja de Cristo pode manter a corrupção? Pode isso comprometer nossa salvação por algumas doutrinas antibíblicas? Que igreja hoje está perfeitamente de acordo com a santa vontade de Cristo revelada na Bíblia?

Por todas essas perguntas e tantas outras que certamente esquecemos, a coleção `` ***Deixa quem lê, preste atenção*** ", oferece exclusivamente respostas bíblicas simples e bastante completas de acordo com cada tema abordado. As respostas a estas perguntas acima indicadas, digamos, só serão dadas aos corações humildes, por isso esta série cristã "***Cuidado ao que lê***", é uma série de mensagens vivas. Eles foram elaborados levando em consideração as necessidades espirituais de nossa geração, especialmente as profecias que a Bíblia, por meio da revelação e do ensino doutrinário de Cristo, os apóstolos e profetas da antiguidade, nos convida a escrutinar dia e noite incansavelmente., seu cumprimento, a fim de nos dar a força para comparecer perante o Filho de Deus no último dia. Aqui está a promessa de Cristo à sua Igreja: " *Ao que vencer e* cumprir as *minhas obras até o fim, darei autoridade sobre as nações.*" » *Apocalipse 2:26*

NB: Salvo indicação em contrário, as referências bíblicas citadas nos estudos são retiradas da versão das sagradas escrituras (Louis Second). E para cada tópico, você pode consultar o resumo nas páginas **37** e **38.** Pela indicação ordinal (pergunta-resposta), qualquer reação particular, poderia suscitar um apoio bíblico e/ ou comunitário personalizado, por menor que seja, quer você se manifeste em nosso site, por telefone do WhatsApp ou em nosso endereço de e-mail marcado ao final de cada página.

A Igreja apresenta assim a vocês uma série de *" 27 estudos bíblicos "*, complementando tantas mensagens de vídeo e áudio em uma versão eletrônica que pode ser baixada do site *www Christians-Église.org*. Tudo isso por igual número de livrinhos, a serem oferecidos gradativamente, conforme o Senhor Javé Deus provê com misericórdia e graça em Jesus Cristo!

Toda esta coleção é oferecida gratuitamente, a fim de respeitar o espírito de

Cristo que nos recomendou doá-la, já que a recebemos gratuitamente:

ENTÃO NÃO É PARA NINGUÉM VENDER ESTA PALAVRA DE DEUS!

Mas primeiro, convidamos você a receber a carta do Autor escrita para seus leitores. Esta carta pode servir como um roteiro e um guia educacional. No entanto, nunca é cristão acreditar que nosso Senhor agirá de forma idêntica em todos os casos, durante o seu crescimento espiritual, ou durante o ministério pastoral de evangelização através de você. É por isso que, mais uma vez, o convidamos a ficar atento à sua voz espiritual, através do canal infalível que representa para todos, a leitura assídua de sua palavra, a Bíblia.

CARTA DE ENCORAJAMENTO DO AUTOR, PARA VOCÊ!

Irmãos e irmãs, que a paz de Deus, que ultrapassa todo o entendimento, guarde seus pensamentos em Jesus Cristo! "

Acolhe, tomando com a Igreja, o caminho estreito e estreito que conduz na eternidade, e do qual só O Filho de Deus é o Guia e o Pastor Soberano...

Em primeiro lugar, aconselharemos você durante seu estudo da Bíblia a ser crítico quanto ao significado das doutrinas às quais essas letras sagradas abordarão. Nisto, você seguirá as recomendações dos Apóstolos de acordo com Atos 17:11: " Esses judeus tinham sentimentos mais nobres do que os de Tessalônica; eles receberam a palavra com grande entusiasmo e examinaram as Escrituras todos os dias para ver se o que estava sendo dito a eles era correto. "

À medida que você cresce como cristão, leia a Bíblia regularmente. Ouça o Espírito

Santo. Compartilhe essa riqueza com outras pessoas. Seja generoso, especialmente com as pessoas ao seu redor. Saiba como encorajar iniciativas de estudo da comunidade. Teste aqueles que, por um espírito de crítica vã, irão acusá-lo de um sectário. Lute sem se distrair com os inimigos de sua alma. Simplifique sua vida cristã. Ajude os pobres em sua vizinhança, começando pelos membros de sua família. Envolva-se em campanhas de evangelismo público. Explore todos os nichos de comunicação e divulgue as boas novas como semeadores de Vida!

Não ignore ninguém em suas orações. Invoque o favor do Senhor Deus sobre aqueles que te ouvem, mas também sobre aqueles que irão resistir a você. " Não tenha inimigos... viva em paz com todos... e esteja em perfeita harmonia... ", com toda a Igreja local de Cristo no país, cidade ou distrito de sua residência.

Irmãos e irmãs, " fujam do pecado " e " sejam santos " porque " nosso Deus é Santo. " E em gratidão a Deus por ter te salvado e enviado ", cante para Ele constantemente e canções espirituais sob a inspiração de Seu Espírito. "

Como você " recebeu de graça ", por favor, não quebre esta cadeia de solidariedade! Com os novos discípulos, comece apresentando o evangelho e, a seguir, discuta os temas doutrinários com base em seu público e nas necessidades espirituais deles. Você poderá escolher os temas que mais lhe agradam, obedecendo à voz do Espírito Santo. E como o " eunuco etíope " sabe que Cristo se juntará a eles na estrada quando você se der ao trabalho de ensiná-los, especialmente aos jovens. Dai-vos aos vossos Irmãos cristãos « como oferta a Deus », pois « a colheita é grande, mas os trabalhadores são poucos. " Além disso, lembre- o da promessa de Cristo na parábola dos " obreiros da última hora "

Assim, " nossa alegria será perfeita " em saber que vocês estão a caminho da pátria celestial, sendo filhos de Deus e servos de Cristo, se aprenderam que " não há maior amor do que dar a vida por aqueles que nós amor ". Assim como " há mais alegria para dar do que para receber "

Enfim, alegrem-se, enquanto esperam por nosso Salvador Jesus, que " não se esquecerá de sua participação na propagação do evangelho e na mensagem da verdade ". Não tenha medo, mas do próprio Deus. E depois, muito rapidamente, conte-nos sobre o seu testemunho: dons que o Espírito Santo terá concedido a você, com vistas ao aperfeiçoamento do corpo de Cristo. " Seja abençoado em todos os sentidos! "

Portanto, " **AMADO** *", receba estes estudos bíblicos como um presente do Senhor Jesus, transmitidos pelo ministério de evangelização de sua Igreja nos Camarões, por seu devoto servo e modesto irmão da África, que deseja lembrar que Yahwéh Dieu, através seu Filho Jesus Cristo, te ama com Amor Eterno. Acredite também em nosso devotado afeto fraterno, pela entrada do Espírito Santo. Amém!*

NB: *No final do estudo bíblico, na (* ***página 40*** *) deste título, você encontrará os diferentes temas propostos na coleção de estudos bíblicos* ***"Cuidado ao que lê".*** *Lembramos aos leitores que esta série de estudos bíblicos cristãos está disponível gratuitamente para sua edificação em* *www.chrétiens-Église.org*

SAMUEL CAMEROUN, Apóstolo do SENHOR JESUS CRISTO.

cameroun.samuel@gmail.com Tel + 237 690600469 ou + 237 679647767

1 Samuel 28: 6 -

Saul perguntou ao Senhor; e Jeová não lhe respondeu, nem por sonhos, nem por Urim, nem por profetas. E Saul disse aos seus servos: Buscai-me uma mulher que fale dos mortos, e irei consultá-la. Seus servos lhe disseram: Eis que em En Dor há uma mulher que fala dos mortos. Então Saul se disfarçou e pegou outras roupas, e ele foi... Eles vieram à noite para a mulher. Saul disse-lhe: Preveja o futuro para mim, chamando-me um homem morto, e traz-me todo aquele que eu te disser. A mulher respondeu-lhe: Eis que tu sabes o que Saul fez, como tirou da terra os que falam dos mortos e os que predizem o futuro; por que você está armando uma armadilha para minha vida para me matar? Saul lhe jurou pelo Senhor, dizendo: O Senhor vive! Nenhum dano vai acontecer a você por isso. A mulher disse: Quem você quer que eu te crie? E ele disse: Traga-me Samuel. Quando a mulher viu Samuel, clamou com grande clamor, e disse a Saul: Por que me enganaste? Você é Saul! O rei lhe disse: Não temas; mas o que você vê A mulher disse a Saul: Vejo um deus subindo da terra. (...) É um velho subindo... Saul entendeu *que era Samuel, e (...) Samuel disse a Saul: Por que me incomodaste, me educando? Saul respondeu: Estou muito angustiado; os filisteus fazem guerra contra mim, e Deus se retirou de mim; ele me respondeu nem por profetas nem por sonhos. E eu liguei para você para me dizer o que fazer. Samuel disse: `` Por que então você me consulta, visto que o Senhor se afastou de você e se tornou seu inimigo? O Senhor vai tratá-lo como eu disse a você por ele; o Senhor rasgou o reino das tuas mãos, e o deu a outro, a David. Não obedeceste à voz do Senhor e não fizeste Amaleque sentir o calor da sua ira (...) E até o Senhor entregará a Israel contigo nas mãos dos filisteus. Amanhã você e seus filhos estarão comigo, e o Senhor entregará o acampamento de Israel nas mãos dos filisteus. Imediatamente Saul caiu no chão com toda a sua altura, e as palavras de Samuel o encheram de pavor; além disso, faltou-lhe forças... Aproximou-se a mulher de Saul e, vendo-o com muito medo, disse-lhe: Eis que tua serva ouviu a tua voz; Expus minha vida, obedecendo às palavras que você falou comigo.* "

INTRODUÇÃO

1 Coríntios 12: 3-31 " Portanto, eu vos digo que ninguém, se fala pelo Espírito de Deus, diz: Jesus é anátema! E que ninguém pode dizer: Jesus é o Senhor! Se não for pelo Espírito Santo. Existem vários dons, mas o mesmo Espírito; diversidade de ministérios, mas o mesmo Senhor; diversidade de operações, mas o mesmo Deus que opera tudo em todos. Agora, a cada um a manifestação do Espírito é dada para o benefício comum. Na verdade, a um é dada pelo Espírito uma palavra de sabedoria; a outro uma palavra de conhecimento, segundo o mesmo Espírito; a outra fé, pelo mesmo Espírito; para outro, o dom de curar, pelo mesmo Espírito; para outro, o dom de operar milagres; para outro, profecia; para outro, o discernimento de espíritos; para outro, a diversidade de línguas; para outro, a interpretação de línguas. Um e o mesmo Espírito opera todas essas coisas, distribuindo-as a cada um em particular como deseja. Pois assim como o corpo é um e tem muitos membros, e como todos os membros do corpo, apesar de seu número, são apenas um corpo, assim é Cristo. Na verdade, todos nós fomos batizados em um Espírito para formar um corpo, sejam judeus ou gregos ou escravos ou livres, e todos nós fomos regados com um Espírito. Portanto, o corpo não é um único membro, mas é composto por vários membros. Se o pé dissesse: Porque não sou mão, não sou do corpo - não seria do corpo por isso? E se o ouvido dissesse: Porque não sou olho, não sou do corpo, não seria do corpo para isso? Se todo o corpo fosse um olho, onde estaria a audição? Se ele estivesse ouvindo, onde estaria o cheiro? Agora, Deus colocou cada membro no corpo como Ele desejou. Se todos fossem um membro, onde estaria o corpo? Agora, portanto, há muitos membros e um corpo. O olho não pode dizer à mão: não preciso de você; nem da cabeça aos pés dizer: eu não preciso de você. Em vez disso, os membros do corpo que parecem ser mais fracos são necessários; e aqueles que consideramos os menos honrados do corpo, nós os cercamos com uma honra maior. Portanto, nossos membros menos honestos recebem mais honra, enquanto aqueles que são honestos não precisam disso. Deus arranjou o corpo de forma a dar mais honra ao que faltava, para que não houvesse divisão no corpo, mas os membros cuidassem uns dos outros também. E se um membro sofre, todos os membros sofrem com ele; se um membro é homenageado, todos os membros se alegram com isso. Você é o corpo de Cristo, e você é seus membros, cada um por sua vez. E Deus estabeleceu na Igreja primeiro apóstolos, segundos profetas, terceiros mestres, então aqueles que têm o dom de milagres, então aqueles que têm os dons de curar, ajudar, governar, falar várias línguas. Todos são apóstolos? Todos são profetas? Todos são médicos? Todos têm o dom de milagres? Todos têm o dom de curar? Todos falam em línguas? Todos interpretam? Esforce-se para obter os melhores presentes. E ainda vou te mostrar um caminho por excelência. "

1. DEUS PERMITIU QUE SEU POVO CONSULTASSE OS VIDENTES?

ISA 8: 19

" Se lhe for dito: Consulte aqueles que evocam os mortos e aqueles que predizem o futuro, Que assobiam e suspiram, Resposta: O povo não consultará o seu Deus? Ele vai se dirigir aos mortos pelos vivos? "

Observação:

2. Como os espíritos malignos pedem para ser empregados? *1 Reis 22: 19-23*

" E disse Micaías: Ouvi, pois, a palavra do Senhor! Vi o Senhor sentado no seu trono, e todo o exército celestial em pé ao lado dele, à sua direita e à sua esquerda. E disse o Senhor: Quem persuadirá Acabe, para que suba e pereça em Ramote-Gileade? Eles responderam um de um jeito, o outro de outro. E veio um espírito, apresentou-se diante do Senhor, e disse: Eu o enganarei. O Senhor lhe disse: Como? Sairei, respondeu ele, e serei um espírito mentiroso na boca de todos os seus profetas. Disse Jeová: Tu o

enganarás e o vencerás; saia e faça isso! E agora, eis que o Senhor colocou um espírito de mentira na boca de todos os teus profetas que ali estão. E o Senhor falou mal de você. "

Observação:

3. Os milagres são a prova formal de que Deus é?
ainda o autor? *2 Tessalonicenses 2: 9-12*

" O aparecimento deste maligno será, pelo poder de Satanás, com todos os tipos de milagres, sinais e prodígios de mentira, e com todos os enganos da iniqüidade para aqueles que perecem porque não receberam o amor da verdade para ser salvou. Também Deus lhes envia um poder de ilusão, para que acreditem na mentira, para que todos aqueles que não acreditaram na verdade, mas que tiveram prazer na injustiça, sejam condenados. "

Observação:

4. O que os mágicos de Faraó fizeram depois de Moisés? *2 Timóteo 3: 6 - 9*

" Há alguns entre eles que entram em casas e que cativam mulheres de mentes fracas e limitadas, carregadas de pecados, agitadas por paixões de todos os tipos, sempre aprendendo e nunca podendo chegar ao conhecimento da verdade. Assim como Janes e Jambres se opuseram a Moisés, esses homens se opõem à verdade, sendo corrompidos no entendimento, reprovados no que diz respeito à fé. Mas eles não farão nenhum progresso maior; pois sua loucura se manifestará a todos, como foi a desses dois homens. "

Observação:

5. O que a Bíblia diz sobre a origem dos milagres daqueles que os operam nestes últimos dias? *1 Timóteo 4: 1-7*

" *Mas o Espírito diz expressamente que nos últimos dias alguns abandonarão a fé, para se apegar a espíritos enganadores e às doutrinas de demônios, pela hipocrisia de falsos mestres trazendo a marca de murchar em sua própria consciência, prescrevendo o não se casar, e abster-se de alimentos que Deus criou para serem ingeridos com ações de graças por aqueles que são fiéis e que conheceram a verdade. Pois tudo o que Deus criou é bom e nada deve ser rejeitado, desde que seja recebido com ações de graças, porque tudo é santificado pela palavra de Deus e pela oração. Ao expor essas coisas aos irmãos, você será um bom ministro de Jesus Cristo, nutrido pelas palavras de fé e boa doutrina que tem seguido exatamente. Rejeite contos profanos e absurdos. "Apocalipse 16: 13-16" E vi saindo da boca do dragão, e da boca da besta, e da boca do falso profeta, três espíritos imundos, semelhantes a rãs. Pois estes são os espíritos de demônios, que fazem maravilhas, e que vão aos reis de toda a terra, para reuni- los para a batalha do grande dia do Deus Todo-Poderoso. Eis que venho como um ladrão. Bem-aventurado aquele que vigia e se veste, para que não ande nu e as pessoas vejam a sua vergonha! - Eles os reuniram no local chamado em hebraico Armagedom. "Apocalipse 18: 1-11" Depois disso eu vi outro anjo descendo do céu, que tinha grande autoridade; e a terra foi iluminada com sua glória. Ele clamou em alta voz, dizendo: Ela caiu, ela caiu, a grande Babilônia! Tornou-se morada de demônios, covil de todo espírito impuro, covil de toda ave impura e odiosa, porque todas as nações beberam do vinho da ira de sua fornicação, e os reis da terra se entregaram.com ela à fornicação, e que os mercadores da terra foram enriquecidos pelo poder de seu luxo. E ouvi outra voz do céu, que dizia: Sai do meio dela, povo meu, para que não tenhas parte nos seus pecados e não tenhas parte nas suas pragas. Pois seus pecados se amontoam até o céu, e Deus se lembrou de suas iniqüidades. Pague-a como ela pagou e dobre-a de acordo com suas obras. No copo onde ela despejou, despeje duas vezes para ela. Por mais que ela se glorificasse e mergulhasse no luxo, tanto tormento e luto por ela. Porque ela disse em seu coração: Estou sentada como uma rainha, não sou viúva e não verei luto! Por causa disso, em um dia suas pragas virão, morte, luto e fome, e ela será consumida pelo fogo. Pois ele é poderoso, o Senhor Deus que a julgou. E todos os reis da terra, que se entregaram à imoralidade sexual e ao luxo com ela, irão chorar e lamentar por causa dela, quando virem a fumaça de seus gravetos. Afastados, temendo seu tormento, dirão: Ai! Infortúnio! A grande cidade, Babilônia, a cidade poderosa! Em apenas uma hora chegou o seu julgamento! E os mercadores da terra choram e choram por causa dela, porque ninguém mais compra sua carga. "*

Observação:

6. Que espíritos animaram os dois magos que foram maltratados nos atos dos apóstolos? *Atos 19: 13 - 19*

" Alguns exorcistas judeus itinerantes tentaram chamar aos que tinham espíritos malignos o nome do Senhor Jesus, dizendo: Eu te conjuro por Jesus que Paulo prega! Aqueles que fizeram isso foram sete filhos de Sceva, um judeu, um dos principais sacerdotes. O espírito maligno respondeu-lhes: Eu conheço Jesus e sei quem é Paulo; mas você quem é você? E o homem em quem o espírito maligno saltou sobre eles, e se fez senhor de ambos, e os maltratou de modo que fugiram desta casa nus e feridos. Era conhecido de todos os judeus e gregos que moravam em Éfeso, e o medo se apoderou de todos eles, e o nome do Senhor Jesus foi glorificado. Muitos daqueles que acreditaram confessaram e declararam o que haviam feito. E um certo número de praticantes das artes mágicas, trazendo seus livros, queimou-

os diante de todos: seu valor foi estimado em cinquenta mil moedas de prata. "

Observação:

7. Em que pessoa Deus freqüentemente fala de seu Espírito na Bíblia? *Gênesis 6: 3*

" Então o Senhor disse: Meu espírito não permanecerá no homem para sempre, porque o homem é carne e seus dias serão cento e vinte anos. ", Provérbios 1:23 " Vire para ouvir minha repreensão! Eis que derramarei o meu espírito sobre ti; farei saber as minhas palavras... ", Isaías 42: 1" Eis o meu servo, a quem sustentarei, o meu escolhido, em quem se deleita a minha alma. Eu coloquei minha mente nele; Ele proclamará justiça às nações. »Isaías 59:21 « Esta é a minha aliança com eles, diz o Senhor: O meu espírito, que repousa sobre ti, e as minhas palavras, que pus na tua boca, não se desviarão da tua boca, nem da tua boca. de vossos filhos, nem da boca dos filhos de vossos filhos, diz o Senhor, desde agora e para sempre. ", Ezequiel 36:27 " Porei meu espírito em você, e farei com que você siga minhas ordenanças, e que guarde e cumpra minhas leis. ", Ezequiel 37:14 " Porei o meu espírito em

você, e você viverá; Vou restaurá-lo à sua terra, e você saberá que eu, o Senhor, falei e fiz, diz o Senhor. "

Observação:

8. Em que pessoa o Espírito do mal é freqüentemente mencionado na Bíblia?

VERSOS ADICIONAIS NO ANTIGO TESTAMENTO:

Levítico 20:27 " Se um homem ou uma mulher tiver em si o espírito de um homem morto ou o espírito de adivinhação, eles serão punidos com a morte; eles serão apedrejados com pedras e seu sangue cairá sobre eles. ", Números 5:14 " e se o marido é tomado por um espírito de ciúme e tem suspeitas sobre sua esposa, que se contaminou, ou se ele é tomado por um espírito de ciúme e suspeita de sua esposa, que não era contaminado; - ", Números 5:30 " e no caso de um marido apreendido por um espírito de ciúme suspeitar de sua esposa: o sacerdote a fará ficar diante do Senhor, e aplicará esta lei a ela em sua totalidade. ", 1 Reis 22:21 " E um espírito veio e se apresentou diante do Senhor, e disse: Eu o enganarei. O Senhor lhe disse: Como? ", 1 Reis 22:23" E agora, eis que o Senhor pôs um espírito de mentira na boca de todos os teus profetas que ali estão. E o Senhor falou mal de ti ", 2 Reis 19: 7" Porei nele tal espírito que, quando ouvir, voltará para a sua terra; e farei com que ele caia à espada em sua terra. ", 2 Crônicas 18:20 " E veio um espírito, apresentou-se diante do Senhor, e disse: Eu o enganarei. O Senhor lhe disse: Como? Sairei, respondeu ele, e serei um espírito mentiroso na boca de todos os seus profetas. Disse Jeová: Tu o enganarás e o vencerás; saia e faça isso. E agora, eis que o Senhor colocou um espírito de mentira na boca de teus profetas que ali estão. E o Senhor falou mal de você. ", 2 Crônicas 18: 21" ", 2 Crônicas 18: 20 - 22" E um espírito veio e se apresentou diante do Senhor, e disse: Eu o enganarei. O Senhor lhe disse: Como? Sairei, respondeu ele, e serei um espírito mentiroso na boca de todos os seus profetas. Disse Jeová: Tu o enganarás e o vencerás; saia e faça isso. E agora, eis que o Senhor colocou um espírito de mentira na boca de teus profetas que ali estão. E o Senhor falou mal de você. ", Jó 4:15 " Um espírito passou por mim... Todos os meus cabelos se arrepiaram... ", Salmos 51:12 " Devolva-me a alegria da sua salvação, e que um espírito de bem me sustente! ", Provérbios 17:22 " Um coração alegre é um bom remédio, mas um espírito abatido seca os ossos. ", Eclesiastes 7: 8" Melhor o fim de uma coisa do que o seu começo; melhor uma mente paciente do que uma mente arrogante. ", Isaías 19:14 " O Senhor derramou um espírito de vertigem no meio dela, Para que façam os egípcios tropeçarem em todas as suas obras, Como um bêbado cambaleia e vomita. ", Isaías 29:10 " Porque o Senhor derramou sobre vocês um espírito de sono; Ele fechou seus olhos (os profetas), Ele velou suas cabeças (os videntes). "

VERSOS ADICIONAIS NO NOVO TESTAMENTO:

Marcos 1:23 " Eles ficaram maravilhados com a sua doutrina; pois ele ensinava como quem tem autoridade, e não como os escribas. Havia um homem na sinagoga que tinha um espírito impuro e gritou: "O que há entre nós e você, Jesus de Nazaré? Você veio para nos perder. Eu sei quem você é: o Santo de Deus. Jesus o repreendeu, dizendo: Cale-se e saia deste homem. E o espírito imundo saiu daquele homem, sacudindo-o violentamente e dando um grande clamor. Todos ficaram maravilhados, a ponto de se perguntarem: O que é isso? Uma nova doutrina! Ele comanda com autoridade até mesmo os espíritos imundos, e eles o obedecem! ", Marcos 3:30" Jesus falou assim porque eles disseram: Ele está possuído por um espírito imundo. ", Marcos 5: 2" Assim que Jesus saiu do barco, veio um homem ao seu encontro, saindo dos túmulos, e possuído por um espírito imundo. Este homem tinha sua morada em sepulcros, e ninguém mais poderia prendê-lo, mesmo com uma corrente. Pois ele tinha estado freqüentemente algemado e acorrentado, mas ele tinha correntes quebradas e algemas quebradas, e ninguém tinha força para domesticá-lo. Ele estava incessantemente, noite e dia, nas tumbas e nas montanhas, chorando e se machucando com pedras. ", Marcos 9:17" E um homem da multidão respondeu-lhe: Mestre, trouxe-te o meu filho, que é possuído de um espírito mudo. ", Lucas 4:33" Havia um homem na sinagoga que tinha o espírito de um demônio impuro e clamou em alta voz: Ah! O que há entre nós e você, Jesus de Nazaré? Você veio para nos perder. Eu sei quem você é: o Santo de Deus. "Lucas 9: 39 " Um espírito apoderou-se dele, e ele gritou de repente; e o espírito o agita com violência, o faz espumar e tem dificuldade em se afastar dele, depois de ter quebrado tudo. ", Lucas 13:11 " E eis que havia uma mulher ali, possuidora de um espírito que a havia aleijado por dezoito anos; ela estava curvada e não conseguia se levantar. ", Lucas 24:37 " Tomados de medo e terror, eles pensaram que viram um espírito. ", Lucas 24:39" Olhe para minhas mãos e meus pés, na verdade sou eu; toque-me e veja: um espírito não tem carne nem ossos, como você vê que eu tenho. ", Atos 16:16 " Quando estávamos indo para o lugar de oração, uma serva que tinha um espírito de Píton, e que, por adivinhar, trouxe grande proveito para seus mestres, veio ao nosso encontro e veio até nós nos seguir, Paul e nós. Ela gritou: Estes homens são os servos do Deus Altíssimo, e eles proclamam a você o caminho da salvação. Ela fez isso por vários dias. Paulo, cansado, voltou-se e disse ao espírito: Ordeno-te, em nome de Jesus Cristo, que saias dela. E ele saiu na mesma hora. ", Romain 8:15 " E você não recebeu o espírito de escravidão, de forma que você ainda está em temor; mas recebestes um Espírito de adoção, pelo qual clamamos: Abbá! Pai! ", Romain 11: 8" Como está escrito, Deus deu-lhes um espírito de sono, olhos para não ver e ouvidos para não ouvir, até o dia de hoje. E Davi disse: ", 1 Coríntios 4:21" O que você quer? Quer eu vá até você com uma vara, ou com amor e com um espírito de gentileza? ", 1 Coríntios 15:45" Portanto está escrito: O primeiro homem, Adão, tornou-se uma alma vivente. O último Adão tornou-se um espírito vivificador. ", 2 Coríntios 6: 6" pela pureza, pelo conhecimento, pela longanimidade, pela bondade, pelo espírito santo, pela caridade sincera ", Gálatas 6: 1" Irmãos, se um homem vier a ser surpreendido por alguma falta, vocês que são espirituais, endireitem-se com um espírito de mansidão. Cuidado com você mesmo, para não ser tentado também. "Efésios 1: 17" Para que o Deus de nosso Senhor Jesus Cristo, o Pai da glória, possa dar-lhe um espírito de sabedoria e revelação no conhecimento ", Filipenses 1: 17" enquanto aqueles, contendendo animados, proclamam a Cristo por motivos que não são puros, e com o pensamento de me causar alguma tribulação em minhas cadeias. ", 2 Timóteo 1: 7" Pois não é um espírito de timidez que Deus nos deu, mas um espírito de força, de amor e de sabedoria. ", 2 Timóteo 3: 6" Há alguns entre eles que entram em casas e cativam mulheres de mente fraca e tacanha, carregadas de pecados, agitadas por paixões de toda espécie, sempre aprendendo e nunca podendo ir ao conhecimento da verdade. Assim como Janes e Jambres se opuseram a Moisés, esses homens se opõem à verdade, sendo corrompidos no entendimento, reprovados no que diz respeito à fé. Mas eles não farão nenhum progresso maior; pois sua loucura se manifestará a todos, como foi a desses dois homens. ", Hebreus 9:14" quanto mais o sangue de Cristo, que por um espírito eterno se ofereceu sem mancha a Deus, purificará sua consciência das obras mortas, para que você possa servir a Deus vivo! ", Tiago 3:14" Mas se você tem zelo amargo em seu coração e um espírito de contenda, não se glorie e minta contra a verdade. ", 1 Pedro 3: 4" mas o adorno interior e escondido no coração, a pureza incorruptível de um espírito manso e pacífico, que é de grande valor diante de Deus. ", Apocalipse 11:11 " Depois de três dias e meio, um espírito de vida da parte de Deus entrou neles, e eles se puseram de pé; e grande temor caiu sobre aqueles que os viram. "

9. As previsões que são cumpridas com exatidão são provas de uma origem divina? *1 Samuel 31: 6*

" Assim, Saul morreu ao mesmo tempo naquele dia, e seus três filhos, seu escudeiro e todos os seus homens. "

10. O Espírito de Deus é uma terceira pessoa da Trindade, conforme afirmado por aqueles que defendem a doutrina da Trindade? *João 16: 13-15*

" Quando o Consolador vier, o Espírito da verdade, ele os conduzirá a toda a verdade; pois ele não falará por si mesmo, mas tudo o que ouve, ele falará e contará a vocês o que está por vir. Ele me glorificará, porque tomará do que é meu e contará a você. Tudo o que o Pai tem é meu; portanto, eu disse que ele pega o que é meu e vai contar a você. "

Observação:

11. Já vimos Deus na Bíblia? *João 1:18*

" Ninguém jamais viu a Deus; o Filho unigênito, que está no seio do Pai, é aquele que o deu a conhecer. "

12. Vimos Jesus Cristo na Bíblia? *1 João 1: 3-4*

" O que vimos e ouvimos, nós também anunciamos a vocês, para que vocês também estejam em comunhão conosco. Agora, nossa comunhão é com o Pai e com seu Filho Jesus Cristo. E nós anotamos essas coisas, para que nossa alegria seja perfeita. "

Observação:

13. No entanto, em que forma o Espírito de Deus apareceu a Elias no Antigo Testamento? *1 Reis 19: 11-13*

" Disse o Senhor: Sai e põe-te no monte diante do Senhor. E eis que o Senhor passou. E diante do Senhor houve um vento forte e violento, que rasgou as montanhas e quebrou as rochas: o Senhor não estava no vento. E depois do vento foi um terremoto: o Senhor não estava no terremoto. E depois do terremoto, um incêndio: o Senhor não estava no fogo. E depois do incêndio, um sussurro suave e leve. Quando Elias ouviu isso, ele enrolou seu manto em volta do rosto, saiu e parou na entrada da caverna. E eis que uma voz lhe deu estas palavras: O que você está fazendo aqui, Elias? "

14. Podemos ver Deus? *Êxodo 33: 11*

" O Senhor falou com Moisés face a face, como um homem fala com seu amigo. Então Moisés voltou ao acampamento; mas seu jovem servo, Josué, filho de Num, não saiu do meio da tenda. ", Gênesis 32:30 " Jacó chamou o nome deste lugar de Peniel: pois, ele disse, eu vi Deus face a face, e minha alma foi salva. »Deuteronômio 5: 4« O

Senhor falou-te face a face no monte, do meio do fogo. "

Observação:

15. Como a Bíblia explica este texto?

Atos 7:30, 35, 38, 53

" Quarenta anos depois, um anjo apareceu a ele no deserto do Monte Sinai na chama de uma sarça ardente. (...) Este Moisés, a quem eles negaram, dizendo: Quem te constituiu governante e juiz? É ele quem Deus enviou como líder e libertador com a ajuda do anjo que lhe apareceu na sarça. (...) É ele quem, durante a assembleia no deserto, estando com o anjo que lhe falava no monte Sinai e com os nossos pais, recebeu oráculos vivos, para os dar a nós. (...) Você que recebeu a lei de acordo com os mandamentos dos anjos, e que não a guardou!... "

16. Alguém viu Deus na Bíblia?

João 6:46

" Isso porque ninguém viu o Pai, exceto aquele que vem de Deus; aquele viu o pai. ",

João 14: 9 " Disse-lhe Jesus: Já faz tanto tempo que estou contigo, e tu não me conheces, Filipe! Quem me viu, viu o Pai; como se diz: mostra-nos o Pai? "

Observação:

Que forma o Espírito de Deus assumiu no Novo Testamento?

17. Durante o batismo de Jesus, como o Espírito Santo apareceu? *Lucas 3:22 " E o Espírito Santo desceu sobre ele em forma corpórea, como pomba. E uma voz proferiu estas palavras do céu: Você é meu Filho amado; em você coloco todo meu carinho. "*

Observação:

18. Com os apóstolos no cenáculo, como o Espírito Santo se apresentou aos discípulos e apóstolos? *Atos 2: 3*
" Línguas, como línguas de fogo, apareceram para eles, separaram-se umas das outras e pousaram em cada um deles. "

19. Deus e o Espírito Santo são a mesma pessoa?

1 Coríntios 2:11 "Pois qual dos homens conhece as coisas do homem, senão o espírito do homem que está nele? Da mesma forma, ninguém conhece as coisas de Deus, exceto o Espírito de Deus. "

Observação:

20. O Espírito Santo também pertence a Jesus? *João 16: 13-15*

" Quando o Consolador vier, o Espírito da verdade, ele os conduzirá a toda a verdade; pois ele não falará por si mesmo, mas tudo o que ouve, ele falará e contará a vocês o que está por vir. Ele me glorificará, porque tomará do que é meu e contará a você. Tudo o que o Pai tem é meu; portanto, eu disse que ele pega o que é meu e vai contar a você. "

Observação:

21. Embora o Espírito Santo tenha sentimentos, ele pode ser considerado uma pessoa? *Efésios 4: 30-31*

" Não entristeçais o Espírito Santo de Deus, por quem fostes selados para o dia da redenção. Deixe

que toda amargura, animosidade, raiva, clamor, calúnia e maldade desapareçam de seu meio. "

Observação:

22. O Espírito Santo já tomou iniciativas pessoais na Bíblia? Atos 13: 2

" Enquanto eles ministravam ao Senhor e jejuavam, o Espírito Santo disse: Separa-me Barnabé e Saulo para a obra para a qual os chamei. "

Atos 16: 7

" Chegando perto da Mísia, eles se prepararam para entrar na Bitínia; mas o Espírito de Jesus não permitiria que o fizessem. "

Observação:

23. Há algum lugar na Bíblia onde o Espírito Santo recebeu adoração no céu?

Nota: De forma alguma!

24. Como você qualifica um milagre como autenticamente divino?

Marcos 16: 20
" E eles saíram e pregaram em todos os lugares. O Senhor trabalhou com eles e confirmou a palavra pelos milagres que a acompanharam. "

Observação:

25. Ter uma visão prova que você nasceu de novo? *Atos 10:22*

" Eles responderam: Cornélio, um centurião, um homem justo e temente a Deus, de quem toda a nação dos judeus dá bom testemunho, foi avisado por um santo anjo por um santo anjo para trazê-lo à sua casa e ouvir suas palavras. "

26. Conhecer e ensinar a Bíblia é uma prova segura de um novo nascimento? *Atos 18: 24-28*

" Um judeu chamado Apolo, natural de Alexandria, um homem eloqüente versado nas Escrituras, foi a Éfeso. Ele foi instruído no caminho do Senhor e, fervoroso de espírito, proclamou e ensinou precisamente sobre Jesus, embora conhecesse apenas o batismo de João. Ele começou a falar livremente na sinagoga. Áquila e

Priscila, ouvindo-o, levaram-no consigo e explicaram-lhe com mais exatidão o caminho de Deus. Como ele queria ir para a Acaia, os irmãos o encorajaram lá e escreveram aos discípulos para recebê-lo. Quando ele chegou, ele se fez, pela graça de Deus, muito útil para aqueles que acreditaram; Pois ele refutou fortemente os judeus em público, demonstrando através das Escrituras que Jesus é o Cristo.

Observação:

27. Praticar obras de caridade é prova de um novo nascimento? *Atos 10: 3-4*

"Por volta da hora nona do dia, ele viu claramente em uma visão um anjo de Deus que se aproximou dele e disse-lhe: Cornélio! Olhando para ele, e tomado de medo, ele respondeu: O que é, Senhor? E o anjo disse-lhe: As tuas orações e as tuas esmolas subiram perante Deus, e ele se lembrou disso. "

Observação:

28. O que significa *"Novo Nascimento"* média?

João 1: 1 - 4, 12 - 14
" No princípio era o Verbo, e o Verbo estava com Deus, e o Verbo era Deus. Ela estava no começo com Deus. Todas as coisas foram feitas por ela, e nada do que foi feito foi feito sem ela. Nela estava a vida, e a vida era a luz dos homens. A luz brilha nas trevas, e as trevas não a receberam. Ela estava no mundo, e o mundo foi feito por ela, e o mundo não a conheceu. Ela veio para a sua, e a dele não a recebeu. Mas para todos os que a receberam, para aqueles que crêem em seu nome, ela deu poder para se tornarem filhos de Deus, que nasceram, não do sangue, nem da vontade da carne, nem da vontade de Deus. Homem, mas de Deus. E a palavra se fez carne e habitou entre nós, cheia de graça e de verdade; e vimos sua glória, uma glória como a glória do Unigênito do Pai. "

Observação:

29. Que sentimentos animam aqueles que nascem de novo?

Lucas 24:32 " E diziam uns aos outros: Não ardeu dentro de nós o nosso coração quando ele nos falou no caminho e nos explicou as escrituras? "

30. Por que é essencial nascer do Espírito Santo, também chamado de Novo Nascimento, para entrar no reino de Deus? *João 3: 6*

" O que é nascido da carne é carne, e o que é nascido do Espírito é Espírito. "

Observação:

31. A Bíblia fala de pessoas que desejam que suas mentes sejam consideradas suas? *Salmo 31: 6*

" Coloquei minha mente em suas mãos; Você vai me libertar, ó Senhor Deus da verdade! "

32. Para cada dom de Deus, existe um espírito único? *1 Coríntios 12: 3-31*

" É por isso que vos digo que ninguém, se fala pelo Espírito de Deus, diz: Jesus é um anátema! E que ninguém pode dizer: Jesus é o Senhor! Se não for pelo Espírito Santo. Existem vários dons, mas o mesmo Espírito; diversidade de ministérios, mas o mesmo Senhor; diversidade de operações, mas o mesmo Deus que opera tudo em todos. Agora, a cada um a manifestação do Espírito é dada para o

benefício comum. Na verdade, a um é dada pelo Espírito uma palavra de sabedoria; a outro uma palavra de conhecimento, segundo o mesmo Espírito; a outra fé, pelo mesmo Espírito; para outro, o dom de curar, pelo mesmo Espírito; para outro, o dom de operar milagres; para outro, profecia; para outro, o discernimento de espíritos; para outro, a diversidade de línguas; para outro, a interpretação de línguas. Um e o mesmo Espírito opera todas essas coisas, distribuindo-as a cada um em particular como deseja. Pois assim como o corpo é um e tem muitos membros, e como todos os membros do corpo, apesar de seu número, são apenas um corpo, assim é Cristo. Na verdade, todos nós fomos batizados em um Espírito para formar um corpo, sejam judeus ou gregos ou escravos ou livres, e todos nós fomos regados com um Espírito. Portanto, o corpo não é um único membro, mas é composto por vários membros. Se o pé dissesse: Porque não sou mão, não sou do corpo - não seria do corpo por isso? E se o ouvido dissesse: Porque não sou olho, não sou do corpo, não seria do corpo para isso? Se todo o corpo fosse um olho, onde estaria a audição? Se ele estivesse ouvindo, onde estaria o cheiro? Agora, Deus colocou cada membro no corpo como Ele desejou. Se todos fossem um membro, onde estaria o corpo? Agora, portanto, há muitos membros e um corpo. O olho não pode dizer à mão: não preciso de você; nem da cabeça aos pés dizer: eu não preciso de você. Em vez disso, os membros do corpo que parecem ser mais fracos são necessários; e aqueles que consideramos os menos honrados do corpo, nós os cercamos com uma honra maior. Portanto, nossos membros menos honestos recebem mais honra, enquanto aqueles que são honestos não precisam disso. Deus arranjou o corpo de forma a dar mais honra ao que faltava, para que não houvesse divisão no corpo, mas os membros cuidassem uns dos outros também. E se um membro sofre, todos os membros sofrem com ele; se um membro é homenageado, todos os membros se alegram com isso. Você é o corpo de Cristo, e você é seus membros, cada um por sua vez. E Deus estabeleceu na Igreja primeiro apóstolos, segundos profetas, terceiros mestres, então aqueles que têm o dom de milagres, então aqueles que têm os dons de curar, ajudar, governar, falar várias línguas. Todos são apóstolos? Todos são profetas? Todos são médicos? Todos têm o dom de milagres? Todos têm o dom de curar? Todos falam em línguas? Todos interpretam? Esforce-se para obter os melhores presentes. E ainda vou te mostrar um caminho por excelência. "

33. O que "*Há um Espírito*" significa para nós e como entendemos o termo pluralidade usado aqui? 1 Coríntios 12: 3-31

" É por isso que vos digo que ninguém, se fala pelo Espírito de Deus, diz: Jesus é um anátema! E que ninguém pode dizer: Jesus é o Senhor! Se não for pelo Espírito Santo. Existem vários dons, mas o mesmo Espírito; diversidade de ministérios, mas o mesmo Senhor; diversidade de operações, mas o mesmo Deus que opera tudo em todos. Agora, a cada um a manifestação do Espírito é dada para o benefício comum. Na verdade, a um é dada pelo Espírito uma palavra de sabedoria; a outro uma palavra de conhecimento, segundo o mesmo Espírito; a outra fé, pelo mesmo Espírito; para outro, o dom de curar, pelo mesmo Espírito; para outro, o dom de operar milagres; para outro, profecia; para outro, o discernimento de espíritos; para outro, a diversidade de

línguas; para outro, a interpretação de línguas. Um e o mesmo Espírito opera todas essas coisas, distribuindo-as a cada um em particular como deseja. Pois assim como o corpo é um e tem muitos membros, e como todos os membros do corpo, apesar de seu número, são apenas um corpo, assim é Cristo. Na verdade, todos nós fomos batizados em um Espírito para formar um corpo, sejam judeus ou gregos ou escravos ou livres, e todos nós fomos regados com um Espírito. Portanto, o corpo não é um único membro, mas é composto por vários membros. Se o pé dissesse: Porque não sou mão, não sou do corpo - não seria do corpo por isso? E se o ouvido dissesse: Porque não sou olho, não sou do corpo, não seria do corpo para isso? Se todo o corpo fosse um olho, onde estaria a audição? Se ele estivesse ouvindo tudo, onde estaria o cheiro? Agora, Deus colocou cada membro no corpo como Ele desejou. Se todos fossem um membro, onde estaria o corpo? Agora, portanto, há muitos membros e um corpo. O olho não pode dizer à mão: não preciso de você; nem da cabeça aos pés dizer: eu não preciso de você. Em vez disso, os membros do corpo que parecem ser mais fracos são necessários; e aqueles que consideramos os menos honrados do corpo, nós os cercamos com uma honra maior. Portanto, nossos membros menos honestos recebem mais honra, enquanto aqueles que são honestos não precisam disso. Deus arranjou o corpo de forma a dar mais honra ao que faltava, para que não houvesse divisão no corpo, mas os membros cuidassem uns dos outros também. E se um membro sofre, todos os membros sofrem com ele; se um membro é homenageado, todos os membros se alegram com isso. Você é o corpo de Cristo, e você é seus membros, cada um por sua vez. E Deus estabeleceu na Igreja primeiro apóstolos, segundos profetas, terceiros mestres, então aqueles que têm o dom de milagres, então aqueles que têm os dons de curar, ajudar, governar, falar várias línguas. Todos são apóstolos? Todos são profetas? Todos são médicos? Todos têm o dom de milagres? Todos têm o dom de curar? Todos falam em línguas? Todos interpretam? Esforce-se para obter os melhores presentes. E ainda vou te mostrar um caminho por excelência. "

Observação:

34. O que une os filhos de Deus? *Efésios 4: 1-3*

« Exorto-vos, pois, eu, prisioneiro do Senhor, a caminhar de maneira digna da vocação que vos foi dirigida, com toda a humildade e mansidão, com paciência, apoiando-nos uns aos outros com a caridade, procurando manter a unidade do espírito pelo vínculo da paz. "

35. Pode alguém ser filho de Deus sem ter o Espírito Santo?

Romain 8: 9 " Vocês não vivem segundo a carne, mas segundo o espírito, se pelo menos o Espírito de Deus habita em vocês. Se alguém não tem o Espírito de Cristo, ele não pertence a ele. "

36. O termo *" sete Espíritos de Deus "* na Bíblia significa que existem vários?

INTERPRETAÇÕES PROFÉTICAS DO NÚMERO SIMBÓLICO `` SETE ", VÁRIAS VEZES USADAS NO APOCALIPSE

Não.	Notas	Referências	Texto:%s
1	A Igreja, desde os tempos apostólicos até a volta de Cristo.	*Apocalipse 1:14, 20,*	*" João às **sete igrejas** que estão na Ásia: Graça a vós e paz, da parte daquele que é, e que era, e daquele que há de vir, e dos sete espíritos que estão diante do seu trono "*

2	Os anjos que acompanham a Igreja nos diversos períodos de sua história.	*Apocalipse 3: 1,*	*" O mistério das **sete estrelas que** você viu na minha mão direita. "*
3	As Sete Igrejas.	*Apocalipse 4: 5*	*" E os sete castiçais de ouro. "*
4	Os sete anjos das diferentes épocas da Igreja	*Apocalipse 5: 1*	*" As **sete estrelas** são os anjos das **sete igrejas** e*

			*os **sete casticais** s ão as sete igrejas. "*
5	O Espírito de Deus acompanhand o sua Igreja.	*Apocalips e 5: 6*	*" Escreve ao anjo da Igreja de Sardes: Isto é o que diz aquele que tem os **sete espíritos de Deus** e as **sete estrelas**... "*
6	O julgamento perfeito e contínuo de Deus sobre	*Apocalips e 8: 2*	*" Diante do trono queimam **s ete***

	sua Igreja ao longo dos séculos.		***lâmpadas de fogo,*** *que são os* ***sete espíritos de Deus.*** *Então eu vi na mão direita daquele que estava sentado no trono um livro escrito por dentro e por fora, selado com* ***sete selos.*** "
7	A onipresença de Deus	*Apocalipse 12: 3*	*" Ele tinha* ***sete chifres*** *e* ***sete olhos,***

			*que são os **sete espíritos de Deus** enviados por toda a terra. "*
8	A plenitude do julgamento preliminar de Deus sobre as nações ao longo da história	*Apocalipse*	*" E eu vi os **sete anjos** que estavam diante de Deus, e **sete trombetas** foram dadas a eles. "*
9	A condenação final do Diabo	*Apocalipse 12: 3*	*" Outro sinal*

	e seu império.		*apareceu novamente no céu; e eis que era um grande dragão vermelho, tendo* ***sete cabeças*** *e dez chifres, e sobre suas cabeças* ***set e diademas.*** "
10	O julgamento intermediário das nações por Deus ao longo da história	*Apocalips e 15: 6*	*" E os* ***sete anjos*** *que seguravam as* ***sete pragas*** *saíram do templo, vestidos de linho puro*

			e brilhante, e com faixas de ouro ao redor do peito. "
11	O poder do Diabo e o seu trono: esta Europa pseudo-cristã, isto é (católica e protestante) apoiando o VATICANO que acolheu o anjo caído desde que foi lançado por terra depois da guerra que o opôs a Michel.	*Apocalipse 13: 1*	*" Então vi subir do mar uma besta que tinha dez chifres e* ***sete cabeças,*** *e nos chifres dez diademas, e nas cabeças nomes de blasfêmia. "*

12	A plenitude do julgamento preliminar de Deus sobre as nações ao longo da história	*Apocalipse 15: 1*	*" Então vi outro sinal no céu, grande e maravilhoso: **sete anjos,** que tinham **sete pragas,** a última, porque por meio deles se cumpriu a ira de Deus. "*
13	A plenitude do julgamento preliminar de Deus sobre as nações ao	*Apocalipse 15: 6*	*" E uma das quatro criaturas viventes deu aos **sete***

	longo da história		***anjos sete taças de*** *ouro, cheias da ira do Deus que vive para todo o sempre. "*
14	O tempo da apostasia da Igreja (Deus e Jesus vomitando Laodicéia) pre cedendo o retorno dos judeus a Deus os 144.000.	*Apocalipse 15: 7*	*" E o templo encheu-se de fumaça pela glória de Deus e pelo seu poder; e ninguém poderia entrar no templo até que as* ***sete pragas*** *dos* ***sete anjos*** *se*

			cumprissem. "
15	O Julgamento Eterno da Babilônia (VATICANO) em 15 de dezembro de 2027, que será destruída por um exército que a consumirá com fogo. Seguindo o exemplo deste sinal precursor, a destruição repentina e inexplicável da catedral de Paris em 2019.	*Revelation12: 7: 1*	*" Então um dos* ***sete anjos*** *que seguravam as* ***sete taças*** *veio e falou comigo, dizendo: Vem, eu te mostrarei o julgamento da grande prostituta que se senta sobre muitas águas. É com ela que os reis da terra*

			cometeram fornicação, e é com o vinho de sua fornicação que os habitantes da terra estão bêbados. "
16	A restauração do trono da Besta (O VATICANO) após a sua destruição em 15 de dezembro de 2027, os Estados Unidos com a continuação da liderança de seu atual	*Apocalipse 17: 2 - 11*	*" Ele me carregou em espírito para um deserto. E eu vi uma mulher montada em uma besta escarlate, cheia de nomes de blasfêmia,*

líder, François 1º, que se tornará o único governador da terra ao aplicar a marca do besta em 666 para todos os habitantes do mundo. Os Sete Reis que reinaram sobre a Besta: " *Cinco caíram* " 1- Peter XI 2- Pedro XII 3- João XXIII 4- Paulo VI 5- João Paulo I st " *Um existe* "		*com* ***sete cabeças e dez chifres.*** *Es ta mulher estava vestida de púrpura e escarlate e adornada com ouro, pedras preciosas e pérolas. El a segurava na mão uma taça de ouro, cheia de abominaçõ es e as impurezas de sua prostituiçã o. Em sua testa estava*

6- João Paulo II " *O outro ainda não chegou e, quando vier, deve ficar pouco tempo* " 7- Bento XVI " *O oitavo sendo parte dos sete e indo para a perdição* " 8- Francisco I, que é o último de sua sucessão e que vai à perdição na vinda de Jesus,		*escrito um nome, um mistério: Babilônia, a grande, a mãe das meretrizes e abominações da terra. E eu vi esta mulher embriagada com o sangue dos santos e com o sangue das testemunhas de Jesus. E, ao vê-la, fui tomado de grande espanto. E*

	que o destruirá pelo sopro de sua boca no último dia.		*o anjo me disse: Por que você está surpreso? Eu vou te contar o mistério da mulher e da besta que a carrega, que tem* ***sete cabeças e dez chifres.*** *A besta que você viu era, e não é mais. Ela deve ascender do abismo e ir para a perdição. E os*

habitantes da terra, aqueles cujos nomes não foram escritos desde a fundação do mundo no livro da vida, ficarão surpresos quando virem a besta, porque ela era, e não é mais., E que irá reaparecer. - Essa é a inteligênci a que tem sabedoria. -

As sete cabeças *sã o* ***sete montanhas,*** *nas quais a mulher se senta. Há também* ***sete reis:*** *cinco já caíram, um existe, o outro ainda não veio e, quando vier, deve ficar um pouco. E a besta que era, e que não existe mais, é ela mesma um oitavo rei, e é* ***do número de***

			sete, *e vai à perdição (...) Os dez chifres que viste são dez reis, que têm ainda não recebeu um reino, mas recebeu autoridade como reis por uma hora com a besta. "*
17	A visão da Igreja de Cristo no fim dos tempos, um pouco antes e no momento de seu	*Apocalipse 17: 12*	*" Então um dos* ***sete anjos*** *que seguravam as* ***sete taças*** *cheias com*

	retorno. Os 144.000 que saíram de Laodicéia e foram concluídos pelos judeus, que serão guiados pelo Pastor e Pastor das Ovelhas de Deus, o próprio Jesus Cristo.		*as* ***sete últimas pragas*** *vei o e falou comigo, dizendo: Vem, mostrar-te-ei a noiva, a mulher do Cordeiro. E ele me carregou em espírito a uma grande e alta montanha.* "

VERSOS ADICIONAIS:

Apocalipse 21: 9 " E mostrou-me a cidade santa, Jerusalém, que descia de Deus do céu, tendo a glória de Deus. Seu brilho era como o de uma pedra muito preciosa, de uma pedra de jaspe transparente como cristal. Tinha um muro grande e alto. Tinha doze portas, e nas portas doze anjos, e nomes escritos, os das doze tribos dos filhos de Israel " 2 Coríntios 2: 14-17" Graças a Deus, que sempre nos faz triunfar em Cristo, e que espalha o cheiro de seu conhecimento através de nós em todos os lugares! Nós somos, de fato, para Deus o cheiro bom de Cristo, entre aqueles que são salvos e entre aqueles que perecem: para alguns, um cheiro de morte, dando morte; para outros, um cheiro de vida, dando vida. -E quem é suficiente para essas coisas? - Pois não falsificamos a palavra de Deus, como muitos o fazem; mas é com sinceridade, mas é de Deus que falamos em Cristo diante de Deus. "

37. Como entender o termo pluralidade usado aqui?

1 Coríntios 12: 3-31 " Portanto, eu vos digo que ninguém, se fala pelo Espírito de Deus, diz: Jesus é anátema! E que ninguém pode dizer: Jesus é o Senhor! Se não for pelo Espírito Santo. Existem vários dons, mas o mesmo Espírito; diversidade de ministérios, mas o mesmo Senhor; diversidade de operações, mas o mesmo Deus que opera tudo em todos. Agora, a cada um a manifestação do Espírito é dada para o benefício comum. Na verdade, a um é dada pelo Espírito uma palavra de sabedoria; a outro uma palavra de conhecimento, segundo o mesmo Espírito; a outra fé, pelo mesmo Espírito; para outro, o dom de curar, pelo mesmo Espírito; para outro, o dom de operar milagres; para outro, profecia; para outro, o discernimento de espíritos; para outro, a diversidade de línguas; para outro, a interpretação de línguas. Um e o mesmo Espírito opera todas essas coisas, distribuindo-as a cada um em particular como deseja. Pois assim como o corpo é um e tem muitos membros, e como todos os membros do corpo, apesar de seu número, são apenas um corpo, assim é Cristo. Na verdade, todos nós fomos batizados em um Espírito para formar um corpo, sejam judeus ou gregos ou escravos ou livres, e todos nós fomos regados com um Espírito. Portanto, o corpo não é um único membro, mas é composto por vários membros. Se o pé dissesse: Porque não sou mão, não sou do corpo - não seria do corpo por isso? E se o ouvido dissesse: Porque não sou olho, não sou do corpo, não seria do corpo para isso? Se todo o corpo fosse um olho, onde estaria a audição? Se ele estivesse ouvindo, onde estaria o cheiro? Agora, Deus colocou cada membro no corpo como Ele desejou. Se todos fossem um membro, onde estaria o corpo? Agora, portanto, há muitos membros e um corpo. O olho não pode dizer à mão: não preciso de você; nem da cabeça aos pés dizer: eu não preciso de você. Em vez disso, os membros do corpo que parecem ser mais fracos são necessários; e aqueles que consideramos os menos honrados do corpo, nós os cercamos com uma honra maior. Portanto, nossos membros menos honestos recebem mais honra, enquanto aqueles que são honestos não precisam disso. Deus arranjou o corpo de forma a dar mais honra ao que faltava, para que não houvesse divisão no corpo, mas os membros cuidassem uns dos outros também. E se um membro sofre, todos os membros sofrem com ele; se um membro é homenageado, todos os membros se alegram com isso. Você é o corpo de Cristo, e você é seus membros, cada um por sua vez. E Deus estabeleceu na Igreja primeiro apóstolos, segundos profetas, terceiros mestres, então aqueles que têm o dom de milagres, então aqueles que têm os dons de curar, ajudar, governar, falar várias línguas. Todos são apóstolos? Todos são profetas? Todos são médicos? Todos têm o dom de milagres? Todos têm o dom de curar? Todos falam em línguas? Todos interpretam? Esforce-se para obter os melhores presentes. E ainda vou te mostrar um caminho por excelência. "

Observação:

38. Qual é o dom por excelência de que fala o Apóstolo no texto anterior? *1 Coríntios 13: 1-13*

" Quando falo línguas de homens e anjos, se não tenho caridade, sou um latão que ressoa ou um címbalo que ressoa. E quando teria o dom da profecia, a ciência de todos os mistérios e de todo o conhecimento, quando ainda teria toda a fé a ponto de transportar montanhas, se não tenho caridade, nada sou. E quando eu distribuo todos os meus bens para a comida dos pobres, quando eu mesmo entrego o meu corpo para ser queimado, se eu não tiver caridade, não tem utilidade para mim. A caridade é paciente, é cheia de bondade; a caridade

não é invejosa; a caridade não se vangloria, não se enche de orgulho, não faz nada desonesto, não busca seus interesses, não se zanga, não suspeita do mal, não se alegra com a injustiça, mas se alegra com a verdade; ela desculpa tudo, ela acredita em tudo, ela espera por tudo, ela apóia tudo. A caridade nunca morre. As profecias acabarão, as línguas cessarão, o conhecimento desaparecerá. Pois sabemos em parte e em parte profetizamos; mas, quando vier o que é perfeito, o que é parcial passará. Quando eu era criança, falava como uma criança, pensava como uma criança, raciocinava como uma criança; quando me tornei homem, fiz a criança desaparecer. Hoje vemos através de um espelho, de forma obscura, mas depois veremos face a face; hoje conheço em parte, mas então conhecerei como fui conhecido. Agora, portanto, estas três coisas permanecem: fé, esperança, caridade; mas a maior dessas coisas é a caridade. " Efésios 4: 7 - 15" Mas a graça foi concedida a cada um de nós segundo a medida do dom de Cristo. Portanto, é dito que, sendo ascendido ao alto, ele levou cativos e deu presentes aos homens. Agora, o que Ele ascender significa, exceto que Ele também desceu às regiões mais baixas da terra? Aquele que desceu é o mesmo que subiu acima de todos os céus para preencher todas as coisas. E ele deu alguns como apóstolos, alguns como profetas, alguns como evangelistas, alguns como pastores e mestres, para o aperfeiçoamento dos santos para a obra do ministério e para a edificação do corpo de Cristo, até que 'tenhamos todos chegamos à unidade da fé e do conhecimento do Filho de Deus, ao feito homem, à medida da estatura perfeita de Cristo, para que não sejamos mais filhos, flutuando e levados em todos os ventos de doutrina, pelo engano dos homens, por sua astúcia nos meios de sedução, mas que, professando a verdade na caridade, acreditamos em todos os aspectos naquele que é a cabeça, Cristo. "

39. O que inspirou a palavra de Deus? *Isaías 34:16 " Consultar o livro do Senhor e ler! Nenhum deles faltará, Nenhum deles faltará; Pois sua boca ordenou. É o seu espírito que os unirá. "*

40. Podemos ainda receber uma revelação extrabíblica

supostamente divina hoje? *1 Coríntios 4: 6*

" Para que aprendam em nosso povo a não ir além do que está escrito "

41. De quem o evangelho foi transmitido aos apóstolos? *Gálatas 1: 8-12*

" Mas quando nós mesmos, quando um anjo do céu pregar outro evangelho diferente daquele que vos pregamos, que ele seja um anátema! Já o dissemos, e agora o repetirei: se alguém vos anunciar outro Evangelho diferente do que recebestes, seja anátema! E agora, é o favor dos homens que desejo, ou de Deus? Estou tentando agradar aos homens? Se ainda agradasse aos homens, não seria um servo de Cristo. Digo-vos, irmãos, que o evangelho que por mim pregou não é de homem; porque não o recebi de um homem, nem o aprendi, mas por uma revelação de Jesus Cristo. "

AÇÃO DE SALVAMENTO PERMANENTE DE JESUS POR MEIO DA FORÇA DE DEUS: O ESPÍRITO SANTO

No Antigo Testamento

42. Nas cidades perversas da sodomia que doravante levam os nomes de Sodoma e Gomorra *Gênesis 18: 17-29*

" *Então o Senhor disse: Devo esconder de Abraão o que estou prestes a fazer?... Abraão certamente se tornará uma grande e poderosa nação, e nele todas as nações da terra serão abençoadas. Pois eu o escolhi para que ele possa ordenar a seus filhos e sua família depois dele que guardem o caminho do Senhor, praticando justiça e justiça, e para que o Senhor cumpra por amor a Abraão as promessas que ele fez a ele... E o Senhor disse: O clamor contra Sodoma e Gomorra é aumentado, e é grande o pecado deles. É por isso que vou descer, e verei se agiram inteiramente de acordo com o boato que me veio; e se não for, vou descobrir. Os homens se afastaram e foram para Sodoma. Mas Abraão ainda estava diante do Senhor. Abraão se aproximou e disse: Destruirás também o justo com o ímpio? Talvez haja cinqüenta justos no meio da cidade: você também os destruirá e não perdoará a cidade por causa dos cinqüenta justos que estão no meio dela? Matar o justo com o ímpio, para que seja com o justo assim como com o ímpio, longe de ti este modo de agir! Longe de você! Aquele que julga toda a terra, não exercerá a justiça? E o Senhor disse: Se eu encontrar cinqüenta justos em Sodoma, no meio da cidade, perdoarei toda a cidade por causa deles. Abraão respondeu e disse: Eis que ousei falar ao Senhor, eu que sou apenas pó e cinza. Talvez dos cinquenta justos, cinco faltem: por cinco, você vai destruir a cidade inteira? E disse o Senhor: Não o destruirei, se achar que há quarenta e cinco justos. Abraão continuou a falar com ele e disse: Talvez haja quarenta justos ali. E o Senhor disse: Nada farei por causa destes quarenta.* "

DURANTE O DELÍGIO PLANETÁRIO DE ÁGUA

43. Como o Novo Testamento fala sobre isso? *1 Pedro 3: 17-22*

" Pois é melhor sofrer, se é da vontade de Deus, por fazer o bem do que por fazer o mal. Cristo também sofreu uma vez pelos pecados, ele justo pelos injustos, para nos levar a Deus, tendo sido morto quanto à carne, mas vivificado quanto ao Espírito, no qual também foi. prisão, que antes havia sido descrente, quando a paciência de Deus foi prolongada, nos dias de Noé, durante a construção da arca, na qual um pequeno número de pessoas, ou seja, oito, foram salvas pela água. Esta água foi uma figura de batismo, que não é a purificação das impurezas do corpo, mas o compromisso de uma boa consciência para com Deus, e que agora te salva, também a ti, pela ressurreição de Jesus Cristo, que está no mão direita de Deus, visto que ele foi para o céu, e anjos, e autoridades e poderes, estavam sujeitos a ele. "

44. Qual é a prova irrefutável de autenticação de um filho de Deus? *1 João 4: 1 - 6*

" Amado, não tenha fé em todos os espíritos; mas teste os espíritos, se eles são de Deus, pois muitos falsos profetas vieram ao mundo. Reconheça o Espírito de Deus assim: todo espírito que confessa que Jesus Cristo veio em carne é de Deus; e todo espírito que não confessa a Jesus não é de Deus, é do anticristo, cuja vinda vocês ouviram, e que agora já está no mundo. Vós, netos, sois de Deus e os vencestes, porque maior é aquele que está em vós do que aquele que está no mundo. Eles são do mundo; portanto, eles falam segundo o mundo, e o mundo os ouve. Nós somos de Deus; quem conhece a Deus nos ouve; quem não é de Deus não nos ouve: é por isso que conhecemos o espírito da verdade e o espírito do erro. "

45. Como essa natureza de Cristo que se tornou humana traz à tona a força ativa do Espírito Santo de Deus?

1 João 5: 1 - 13 " Todo aquele que crê que Jesus é o Cristo é nascido de Deus; e quem ama aquele que o gerou, também ama aquele que dele nasceu. Sabemos que amamos os filhos de Deus quando amamos a Deus e guardamos seus mandamentos. Porque o amor de Deus é guardar seus mandamentos. E seus mandamentos não são penosos, porque tudo o que é nascido de Deus triunfa sobre o mundo; e a vitória que triunfa sobre o mundo é a nossa fé. Quem é aquele que triunfou sobre o mundo, senão aquele que acredita que Jesus é o Filho de Deus? É ele, Jesus Cristo, que veio com água e sangue; não apenas com água, mas com água e com sangue; e é o Espírito que dá testemunho, porque o Espírito é a verdade. Pois há três que dão testemunho: o Espírito, a água e o sangue, e os três concordam. Se recebemos o testemunho de homens, o testemunho de Deus é maior; pois o testemunho de Deus é que ele deu testemunho de seu Filho. Quem crê no Filho de Deus tem esse testemunho em si mesmo; quem não crê em Deus o faz mentiroso, pois não crê no testemunho que Deus deu a seu Filho. E este é o testemunho de que Deus nos deu a vida eterna e que a vida está em seu Filho. Quem tem o Filho tem a vida; quem não tem o Filho de Deus não tem vida. Estas coisas vos escrevi, para que saibais que tens a vida eterna, vós que credes no nome do Filho de Deus. "

46. Negar a natureza de Jesus "Homem" expõe os crentes ou outros a quais perigos espirituais? *2 João 1: 7 - 8*

" Porque muitos enganadores têm entrado no mundo, os quais não confessam que Jesus Cristo veio em carne. Aquele que é assim é o enganador e o anticristo. Cuidem de vocês mesmos, para que não percam o fruto do seu trabalho, mas recebam a recompensa plena. "

47. Quem não admite esta verdade fundamental sobre a natureza de Jesus está exposto a quê? *2 João 1: 9*

" Quem vai mais longe e não segue a doutrina de Cristo não tem Deus; aquele que permanece nesta doutrina tem o Pai e o Filho. "

48. E como deve ser considerado daqui em diante pela Igreja? 2 *João 1:10*

" Se alguém vier a você e não levar esta doutrina, não o receba em sua casa, e não diga a ele: Olá! Para quem lhe diz: Olá! Participe de suas obras malignas. "

CONCLUSÃO

En resumo, as Escrituras demonstrando esta Bíblia estudar este conhecimento singular da natureza do Espírito Santo, que nunca será confundido com a natureza do " *Jesus Cristo homem* " *1 Timóteo 2: 5,* nem à de " *Pai só o Senhor invisível e Espírito* "*1 Timóteo 6: 16.* É assim que a sagrada doutrina também é restaurada, dando acesso à salvação a qualquer alma arrependida nestes tempos de graça divina, que Deus ainda pode erradicar o *" 666 "* insidiosamente marcado na testa de cada pessoa apóstata. *2 Timóteo 4: 1-4 " Rogo-vos diante de Deus e diante de Jesus Cristo, que julgará os vivos e os mortos, e em nome da sua aparição e do seu reino, pregue a palavra, insista em todas as ocasiões, favorável ou não, retire, censure, exorte, com toda gentileza e com instrução. Pois chegará o tempo em que os homens não suportarão a sã doutrina; mas, tendo o desejo de ouvir coisas agradáveis, darão a si mesmos uma hoste de professores de acordo com seus próprios desejos, desviarão os ouvidos da verdade e se voltarão para as fábulas.* " Se o diabo trouxe a imposição do " *666* " na frente da multidão dos ímpios do mundo, ignorando ou não a existência do único e verdadeiro Deus Yahweh o que é porque nenhuma desculpa n é tolerada por Deus. Isso, portanto, diz respeito a quase todos os Homens que " *apostaram coletivamente* " 2 *Tessalonicenses 2: 1-7,* após o abandono dos três primeiros mandamentos de Deus por adorar a Trindade ou qualquer outra divindade, além do único Deus verdadeiro. o único Deus da Bíblia. Assim, o esquecimento ou a violação por parte dos **"infiéis",** pretensamente cristãos ou não, destes três primeiros mandamentos de Deus dados a Moisés, permitiu o surgimento de um espaço laboriosamente oposto a Deus por meio de uma multidão de doutrinas sectárias e religiosas por excelência, percorrendo nossas cidades e campos, realizando falsos milagres que a Bíblia já havia anunciado deveriam servir ao mal uma vez que o espírito do erro livre de todo movimento neste fim do mundo iminente!

Como a Bíblia evoca a magnitude desta perdição mundial acordada pelas nações do mundo por meio do sinal da Besta, o " *666* "? A testa representando o lugar do conhecimento inteligente e livre de Deus, sem reverência a Jesus Cristo, o Espírito Santo ou qualquer outra divindade é a marca na testa de qualquer um que exalte qualquer divindade ou outra além do verdadeiro Deus YAHWEH. É, portanto, por meio desse canal que os humanos inevitavelmente recebem o emblema do mal " *666* ". É novamente por isso que *1 João 4: 2 - 6* recomenda com advertências aos cristãos e a todos: *" Filhinhos, é a última hora, e como ouvistes que vem um anticristo, existem agora vários anticristos.: Por isso sabemos que é a última hora. Eles saíram de entre nós, mas eles não estavam entre nós; pois se eles estivessem conosco, teriam ficado conosco, mas aconteceu de modo que se manifestou que nem todos são de nós. Para você, você recebeu a unção daquele que é santo, e todos vocês têm conhecimento. "*

Como um lembrete essencial, notemos que pela primeira vez é mencionado com bastante clareza no *Apocalipse,* o " *666* " pelo apóstolo João, como o precursor da grande profecia do fim dos tempos. Na verdade, já encontramos em quase todas as suas epístolas fatos altamente importantes sobre o assunto! Além disso, deve-se notar que Deus não deu a João para falar dos eventos do fim dos tempos no quarto Evangelho, que traz sua assinatura. Mas foi para que o fizesse depois em um livro inteiro, aquele que o próprio Jesus Cristo chamou com seu próprio nome " *Revelação de Jesus Cristo...* " Como a Escritura indica o sinal do reconhecimento doutrinário do " *666* " na frente? *1 João 4: 2 - 6 " Nisto reconhece o Espírito de Deus: todo espírito que confessa a Jesus Cristo que veio em carne é de Deus; e todo espírito que não confessa a Jesus não é de Deus, é do anticristo cuja vinda você ouviu e que agora já está no mundo. Vós, netos, sois de Deus e os vencestes, porque maior é aquele que está em vós do que aquele que está no mundo. Eles são do mundo; é disso que falam de acordo com o mundo, e o mundo os ouve. Nós somos de Deus; é aquele que conhece a Deus que nos ouve; quem não é de Deus não nos ouve: assim conhecemos o espírito da verdade e o espírito do erro.* " A Bíblia declara pelo amado apóstolo de Jesus, que para identificar o verdadeiro Espírito de Deus que anima os seus servos, com aquele habitado pelo Diabo através do " *666* ", é com esta determinante verdade profética: " *Reconhece a isto o Espírito de Deus: todo espírito que confessa que Jesus Cristo veio em carne é de Deus* ". Outra versão da Bíblia Sagrada, notavelmente " Français Courant " também diz em referência a *1 João 4: 2 - 6* " *Na verdade, falsos profetas se espalharam pelo mundo. É assim que você pode saber se é o Espírito de Deus: qualquer um que reconhece que Jesus realmente se tornou um homem do Espírito de Deus. Mas quem se recusa a reconhecer Jesus como tal não tem o Espírito de Deus, mas o do adversário de Cristo: você aprendeu que este estava vindo e, agora, ele já está no mundo.* "

Então, quando o *" 666 "* entrou no mundo, de acordo com a passagem anterior? *1 João 4: 2 - 6 " Mas todo aquele que recusa reconhecer a Jesus como tal, não tem o Espírito de Deus, mas do adversário de Cristo; ouvistes que este vem e, agora, já está no mundo.* » Qual é o ponto principal deste ensino de João a respeito dos " 666 "? *1 João 4: 2 - 6 " Quem reconhece que Jesus realmente se fez homem tem o Espírito de Deus.* " Assim a marca de " *666* " é anunciada nas epístolas de *1 João 2: 18-20" Filhos, é a última hora, e como ouvistes que o anticristo virá, há agora vários anticristos: por isso sabemos que é é a última hora. Eles saíram de entre nós, mas eles não estavam entre nós; pois se eles estivessem conosco, teriam ficado conosco, mas aconteceu de modo que se manifestou que nem todos são de nós. Para você, você recebeu a unção daquele que é santo, e todos vocês têm conhecimento.* " E que lição não qualificou ninguém a ser cristão a partir desta passagem? *1 João 4: 2 - 6 " Assim podes saber se é o Espírito de Deus: quem reconhece que Jesus realmente se tornou um homem do Espírito de Deus.* " Como foram chamados aqueles que recusaram este ensino do homem Jesus dado por João, último apóstolo de Cristo? *1 João 4: 2 - 6 " Porque os falsos profetas se espalharam pelo mundo. É assim que você pode saber se é o Espírito de Deus: qualquer um que reconhece que Jesus realmente se tornou um homem do Espírito de Deus.* " O que significa em outras passagens da Bíblia? *2 João 1: 7-10 " Porque muitos enganadores têm entrado no mundo, os quais não confessam que Jesus Cristo veio em carne. Aquele que é assim é o enganador e o anticristo. "* Que consequências foram trazidas para os violadores desta lei? *2 João 1: 7-10 " Vede, para que não percais o fruto do vosso trabalho, mas recebais o pleno galardão.* "

Podemos ignorar este aviso e cooperar com aqueles que praticam esta doutrina mentirosa de " *666* "? Pois a Bíblia avisa: *" Quem vai mais longe e não segue a doutrina de Cristo não tem Deus; aquele que permanece nesta doutrina tem o Pai e o Filho. Se alguém vier até você e não levar esta doutrina, não o receba em sua casa e não diga a ele: Olá!* " Do versículo bíblico acima, mesmo uma simples saudação no sentido de bênção não deve ser a favor daqueles que praticam a mentira de " *666* " na capa. Como a Bíblia chama esse ensino dado por João aos discípulos? 2 *João 1: 4 " Fiquei muito contente ao descobrir que vossos filhos andavam na verdade, segundo o mandamento que recebemos do Pai. "* A Bíblia chama isso de doutrina realmente proibida de **'comando recebido do Pai! ",** Um estudo bíblico nesta série que lhe é oferecido, apenas tratando do Decálogo o exime da obrigação de observar DEZ MANDAMENTOS DE MOISÉS, arriscando sua perdição eterna!

RESUMO:

PREFÁCIO
CARTA DE ENCORAJAMENTO DO AUTOR PARA VOCÊ!
TEXTO BÍBLICO INTRODUTÓRIO

1. Deus permitiu que Seu povo consultasse os videntes? *ISA 8: 19*
2. Como os espíritos malignos pedem para ser empregados? *1 Reis 22: 19-23*
3. Os milagres são a prova formal de que Deus ainda é o autor deles? *2 Tessalonicenses 2: 9-12*
4. O que os mágicos de Faraó fizeram depois de Moisés? *2 Timóteo 3: 6 - 9*
5. O que a Bíblia diz sobre a origem dos milagres daqueles que os operam nestes últimos tempos? *1 Timóteo 4: 1-7*
6. Que espíritos animaram os dois magos maltratados nos atos dos apóstolos? *Atos 19: 13 - 19*

7. Em que pessoa Deus freqüentemente fala de seu Espírito na Bíblia? *Gênesis 6: 3*

8. Em qual pessoa o Espírito do mal é freqüentemente referido na Bíblia?

No Antigo Testamento:

No Novo Testamento:

9. As predições cumpridas com exatidão são prova de uma origem divina? Conferir a bruxa de En d'Or no livro de Daniel 1 Samuel

10. O Espírito de Deus é uma terceira pessoa da Trindade, conforme afirmado por aqueles que defendem a doutrina da Trindade? *João 16: 13-15*

11. Já vimos Deus na Bíblia? *João 1:18*

12. Vimos Jesus Cristo na Bíblia? *1 João 1: 3-4*

13. Que forma o Espírito de Deus assumiu para Elias no Antigo Testamento? *1 Reis 19: 11-13*

14. Podemos ver Deus? *Êxodo 33: 11*

15. Que explicações a Bíblia dá a este texto? *Atos 7:30, 35, 38, 53*

16. Alguém viu Deus na Bíblia? *João 6:46*
17. Que forma o Espírito de Deus assumiu no Novo Testamento?
18. Como o Espírito Santo apareceu durante o Batismo de Jesus? *Lucas 3:22*
19. Com os apóstolos no cenáculo, como o Espírito Santo se apresentou aos discípulos e apóstolos? *Atos 2: 3*
20. Deus e o Espírito Santo são a mesma pessoa? *1 Coríntios 2:11*
21. O Espírito Santo também pertence a Jesus? *João 16: 13-15*
22. *Embora o Espírito Santo tenha sentimentos, ele pode ser considerado uma pessoa? Efésios 4: 30-31*
23. O Espírito Santo já tomou iniciativas pessoais na Bíblia? *Atos 13: 2*
24. Existe um lugar na Bíblia onde o Espírito Santo recebeu adoração no céu?
25. Como qualificar um milagre como autenticamente divino? *Marcos 16: 20*

26. Ter uma visão é uma prova de que nascemos de novo? *Atos 10:22*

27. Conhecer e ensinar a Bíblia prova um novo nascimento? *Atos 18: 24-28*

28. Praticar obras de caridade é prova de um novo nascimento? *Atos 10: 3-4*

29. O que significa *" Novo Nascimento "* média? *João 1: 1 - 4, 12 - 14*

30. Que sentimentos animam aqueles que nasceram de novo? *Lucas 24:32*

31. Por que é essencial nascer do Espírito Santo, também chamado de Novo Nascimento, para entrar no reino de Deus? *João 3: 6*

32. A Bíblia fala de pessoas que desejam que suas mentes sejam consideradas suas? Salmo 31: 6

33. Existe um espírito único para cada presente de Deus? *1 Coríntios 12: 3-31*

34. O que " Há um Espírito " significa para nós e como entendemos o termo pluralidade usado aqui? 1 Coríntios 12: 3-31

35. O que une os filhos de Deus? *Efésios 4: 1-3*

36. *Podemos ser filhos de Deus sem ter o seu Espírito Santo? Romano 8: 9*

37. O termo *" sete Espíritos de Deus "* na Bíblia significa que existem vários?

INTERPRETAÇÕES PROFÉTICAS DO NÚMERO SIMBÓLICO `` SETE '', VÁRIAS VEZES USADAS NO APOCALIPSE

38. *Como entender o termo pluralidade usado aqui? 1 Coríntios 12: 3-31*

39. *Qual é o dom por excelência de que fala o Apóstolo no texto anterior? 1 Coríntios 13: 1-13*

CONCLUSÃO

RESUMO:

NA MESMA COLEÇÃO DE ESTUDOS BÍBLICOS:

NA MESMA COLEÇÃO DE ESTUDOS BÍBLICOS:

1. A PROFECIA MAIS LONGA DA BÍBLIA; TÍTULO I, O BATISMO DE JESUS CRISTO, A ANUNÇÃO DO SÃO DOS SANTOS.

2. A PROFECIA MAIS LONGA DA BÍBLIA; TÍTULO II, A PURIFICAÇÃO DO SANTUÁRIO, SATANÁS É CAÇADO DO CÉU.

3. O FIM DO MUNDO NA BÍBLIA E NO SINAL DA BESTA, O " 666 ".

4. O GRANDE SINAL DA BESTA, O (666) REVELADO.

5. COMO OS HOMENS JÁ TOMARAM O SINAL (666) DA BESTA NA FRENTE?

6. COMO OS HOMENS JÁ TOMARAM O SINAL (666) BESTA NA MÃO?

7. OS DEZ MANDAMENTOS DE DEUS E A SALVAÇÃO EM JESUS CRISTO.

8. OS TEMPOS, O PECADO DE JUDAS NA IGREJA CONTEMPORÂNEA APOSTASIADA.

9. QUAIS SÃO OS OUTROS SINAIS DA BESTA?

10. O FUNCIONAMENTO DA IGREJA APOSTAL.

11. PARAÍSO E ESPERANÇA CRISTÃ.

12. A IGREJA, OS CRISTÃOS.

13. QUEM É O VERDADEIRO DEUS?

14. HÁ UM DEUS!

15. EXISTE UM SENHOR!

16. HÁ UM ESPÍRITO!

17. EXISTE APENAS UMA FÉ!

18. SÓ HÁ UMA ESPERANÇA!

19. HÁ UM CORPO!

20. EXISTE APENAS UM BATISMO!

21. O SELO DE DEUS NA REVELAÇÃO.

22. O SELO DO DIABO NO APOCALIPSE.

23. O DIA EM QUE O VATICANO, A GRANDE PROSTITUTA, A MÃE DOS NECESSIDOS SERÁ DESTRUÍDA.

24. AQUI ESTÁ O GRANDE SINAL DO FIM DOS TEMPOS E DA VOLTA DE JESUS CRISTO.

25. O MOVIMENTO ISLÂMICO DESCRITO NO LIVRO DO APOCALIPSE.

26. A ÚLTIMA IGREJA, OS 144.000, O RETORNO DO SENHOR JESUS CRISTO E A ETERNIDADE.

27. VIGÉSIMA SÉTIMA ESCRITA: O TESTEMUNHO. VIDA E TESTEMUNHOS CRISTÃOS!

Printed by Books on Demand GmbH, Norderstedt / Germany